37528699R00058

Made in the USA
San Bernardino, CA
31 May 2019